Colores

Verde

Nancy Harris

Heinemann Library
Chicago, Illinois

HEINEMANN-RAINTREE

TO ORDER:
☎ Call Customer Service (Toll-Free) **1-888-454-2279**
🖥 Visit **heinemannraintree.com** to browse our catalog and order online.

Editorial: Rebecca Rissman
Design: Kimberly R. Miracle and Joanna Hinton-Malivoire
Photo Research: Tracy Cummins and Tracey Engel
Production: Duncan Gilbert

Originated by Dot
Printed and bound by South China Printing Company
Translation into Spanish by Double O Publishing Services
The paper used to print this book comes from sustainable resources.

ISBN-13: 978-1-4329-1890-3(hc)
ISBN-10: 1-4329-1890-7 (hc)
ISBN-13: 978-1-4329-1900-9 (pb)
ISBN-10: 1-4329-1900-8 (pb)

12 11 10 09 08
10 9 8 7 6 5 4 3 2 1

Library of Congress Cataloging-in-Publication Data

Harris, Nancy, 1956-
  [Green. Spanish]
  Verde / Nancy Harris.
     p. cm. -- (Colores)
  Includes index.
   ISBN 978-1-4329-1890-3 (hardcover) -- ISBN 978-1-4329-1900-9 (pbk.)
 1. Green--Juvenile literature. 2. Color--Juvenile literature. I. Title.

QC495.5.H37518 2008
535.6--dc22
                   2008040933

Acknowledgments
The author and publisher are grateful to the following for permission to reproduce copyright material: ©Alamy **pp. 5** Top Center, **21** (Plantography), **9** (Chris Clark), **16, 22b** (Epictura); ©istockphoto **pp. 4** Bottom Left (Willi Schmitz), **4** Bottom Right (Gasparetz Attila), **5** Bottom Center (Steve Dibblee), **5** Bottom Left (Moritz von Hacht), **6, 22a** (ooyoo), **10** (John Archer), **14, 23** (Alain Couillaud); ©Minden Pictures **p. 17** (SHIN YOSHINO); ©Shutterstock **pp. 4** Bottom Center (Elen), **4** Top Left, **8** (Maceofoto), **4** Top Right (Vova Pomortzeff), **5** Bottom Right, **20, 22d** (Martin Nemec), **5** Top Left, **18, 19, 22c** (Morozova Tatyana), **5** Top Right (Nadina), **7** (coko), **11** (SHCHERBAKOV SERGIY), **12** (Stephen VanHorn), **13** (EcoPrint), **15** (John Bell); ©SuperStock **p. 4** Top Center (Creatas).

Cover photograph reproduced with permission of ©Jupiter Images/ Brand X Pictures.

Back cover photograph reproduced with permission of ©Alamy/ Epictura.

The publishers would like to thank Nancy Harris for her assistance in the preparation of this book.

Every effort has been made to contact copyright holders of any material reproduced in this book. Any omissions will be rectified in subsequent printings if notice is given to the publisher.

Contenido

Verde

¿Son verdes todas las plantas?
¿Son verdes todos los animales?

¿Son verdes todas las rocas?
¿Son verdes todas las hierbas?

Plantas

Algunas hojas son verdes.

Algunas hojas no son verdes.

Algunos tallos son verdes.

Algunos tallos no son verdes.

Algunas flores son verdes.

Algunas flores no son verdes.

Animales

Algunas plumas son verdes.

Algunas plumas no son verdes.

Algunas escamas son verdes.

Algunas escamas no son verdes.

Algunas pieles son verdes.

Algunas pieles no son verdes.

Rocas

Algunas rocas son verdes.

Algunas rocas no son verdes.

Hierbas

Algunas hierbas son verdes.

Algunas hierbas no son verdes.

¿Qué aprendiste?

Algunas plantas son verdes.

Algunos animales son verdes.

Algunas rocas son verdes.

Algunas hierbas son verdes.

Glosario ilustrado

 **escama** lámina pequeña que cubre el cuerpo de algunos animales

Vocabulario para maestros

capa protectora del cuerpo	cobertura exterior, como la piel o las escamas, que protege a un animal
color	depende de la luz que el objeto refleja o absorbe

Índice

Nota a padres y maestros

Antes de leer:

Hable con los niños sobre los colores. Explique que hay muchos colores diferentes y que cada color tiene un nombre. Use una rueda de colores u otra tabla de colores simple para señalar el nombre de cada color. Luego, pida a los niños que hagan una lista de los colores que ven. Una vez completada la lista, pídales que comenten los resultados.

Después de leer:

Pida a los niños que nombren diferentes plantas verdes. En el pizarrón, haga una lista de las palabras. Luego, pídales que hagan tarjetas de palabras. Sobre un lado de la tarjeta, pida a los niños que dibujen la planta. Sobre el otro lado, pídales que deletreen correctamente la palabra. Luego, divida a la clase en grupos y practique con las nuevas tarjetas.